Claude Serre
Weiße Kittel – leicht geschwärzt

Vorwort von Georg Ramseger
Geleitwort von Julius Hackethal

Stalling

Wir sind die Größten.

Der Eid des Hippokrates machte es möglich: diese weltweite Selbsteinschätzung der Ärzte. Größenwahn wurde zum Arzt-Gesetz und zum Schlachtfeld für Gesunde und Kranke. Statt zu schwören, sollte jeder Arzt jeden Morgen beten: Lieber Gott, hilf mir gegen meine 3 Erbsünden: Selbstüberschätzung, Eigenkritikmangel und Arroganz.

Meinen Arzt-Kollegen rufe ich zu: »Freunde, wir sind erkannt. Wer dieses nicht glaubt, blättere im Serre.«

Meinen Mitmenschen rate ich aus Nächstenliebe: Lest Serre, bevor ihr zum Doktor geht. Es ist nichts übertrieben.

Der Wunsch von Claude Serre, das Geleitwort zu diesem Arztbild-Michelangelo zu schreiben, ist für mich die höchste Klasse »Pour le mérite«. Lieber Gott, schütze mich besser vor Größenwahn.

Julius Hackethal

Wenn ein Mann, den man auf einer Bahre ins Krankenhaus bringt, sieht, wie aus dem Portal nebenan Sarg um Sarg herausgeschleppt wird, dann weiß man, daß der Zeichner, der uns ein solches Bild liefert, von Ärzten nicht viel hält. Wir reden von dem französischen Karikaturisten Claude Serre. Wenn Serre Männer in Weiß sieht, sieht er schwarz.

Am Lack der Mediziner ist kräftig gekratzt worden. Sie selber haben viel dazu beigetragen, daß ihr Standesdünkel, ihre Geldgier und ihre Kunstfehler Themen des Alltags wurden. — Vom feinen Mann, der die Humanitas in Erbpacht hatte, vom Heroen an der Bakterienfront, vom Heilsbringer mit Skalpell und Tupfer ist nicht mehr viel übrig geblieben.

Serre's gezeichnete Glossen über Ärzte sind optisch Kommentare zu Schlachtergesellen. Seine Chirurgen, Psychiater, Augenärzte, Gynäkologen, Zahnärzte, Allgemeinen Mediziner,

Veterinäre, aber auch Apotheker und Masseure sind Männer, die sich durch optimale Widerlichkeit auszeichnen. Die Patienten sind vom gleichen Kaliber. Für Serre ist der Mensch überhaupt ein mißlungenes Produkt, bei dem die ganze Apparatur nicht stimmt. Manchmal fliegen die kaputten Schrauben und Federn sogar dem Operateur in die miese Visage.

  Serre, Jahrgang 38, gehört zu jener Höllenbruderschaft französischer Karikaturisten, die sich u. a. um Zeitschriften wie »Hara-Kiri« oder »Bizarre« gesammelt hatten. Diese Burschen leben vom Hohn auf diese Welt. Wenn sie lachen, lacht der Teufel — wie auf den nachfolgenden Seiten deutlich zu hören.

  Georg Ramseger

OPERATIONSSAAL

Chirurgie

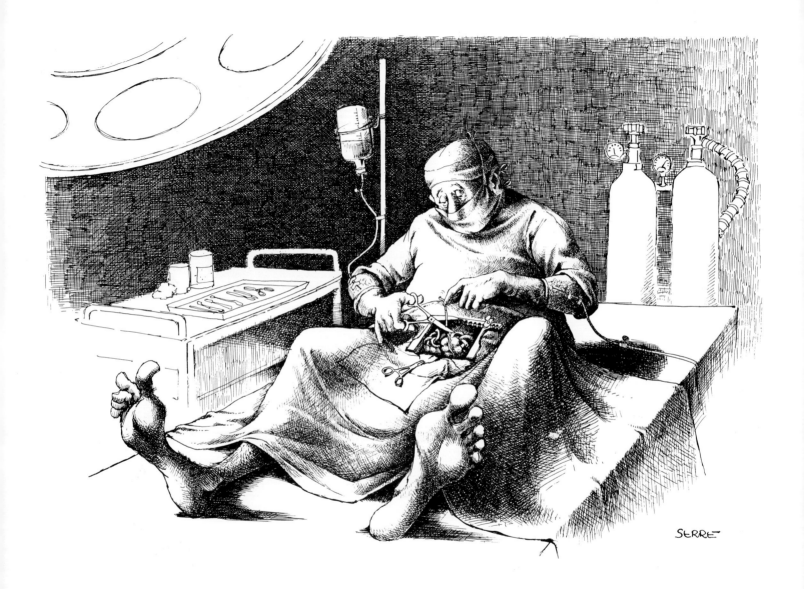

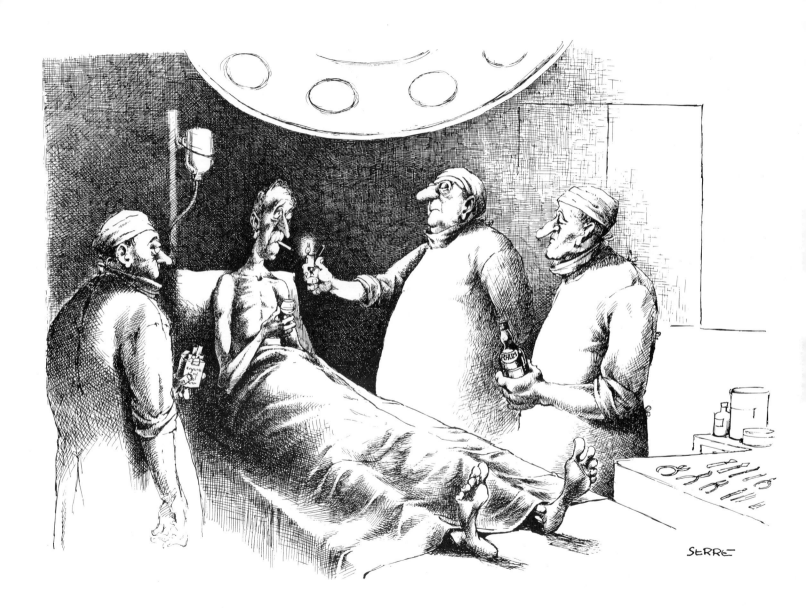

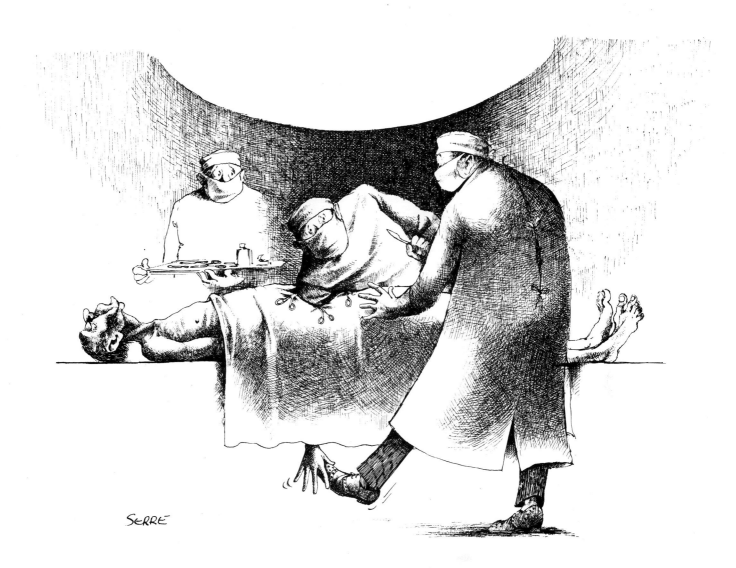

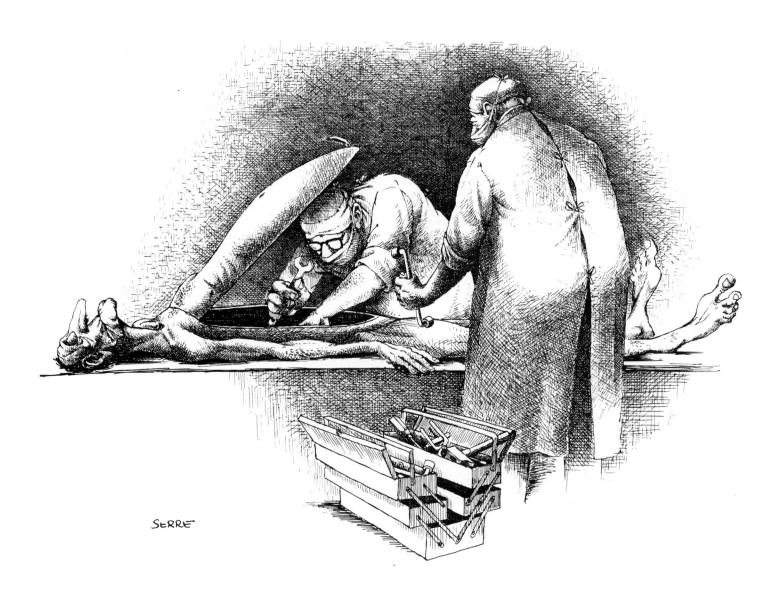

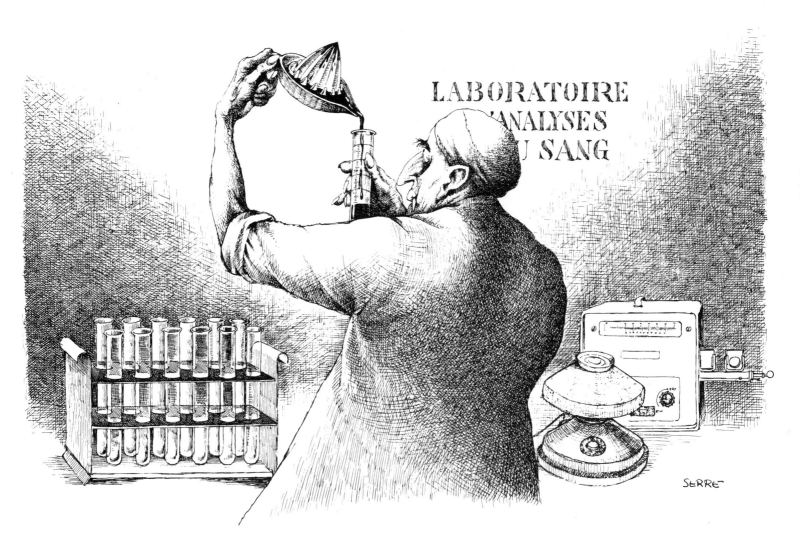

Laboratorium für Blutanalysen

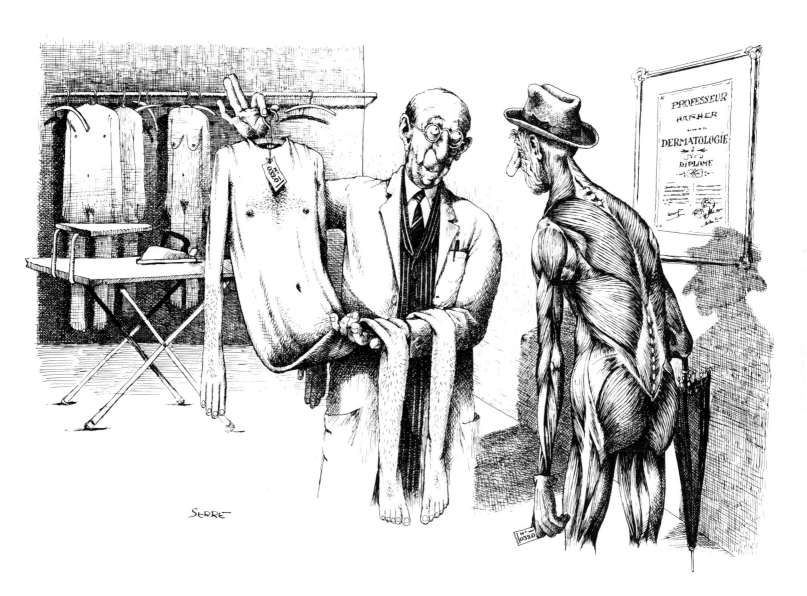

Das Schlafmittel

Psychiatrie

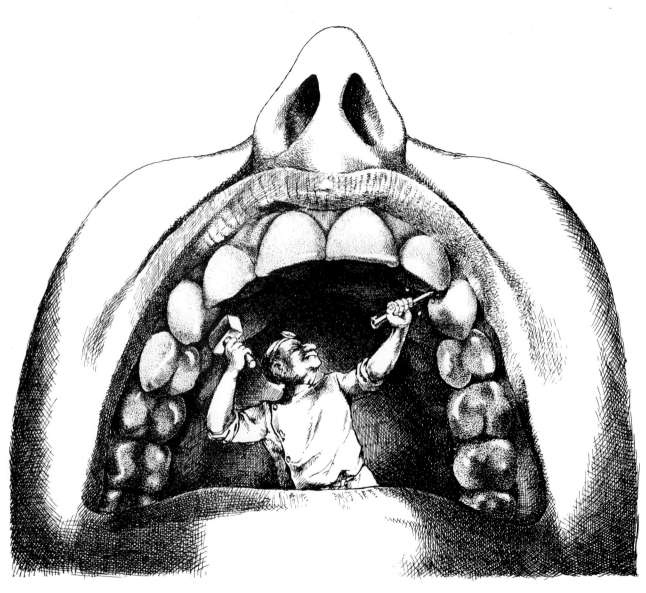

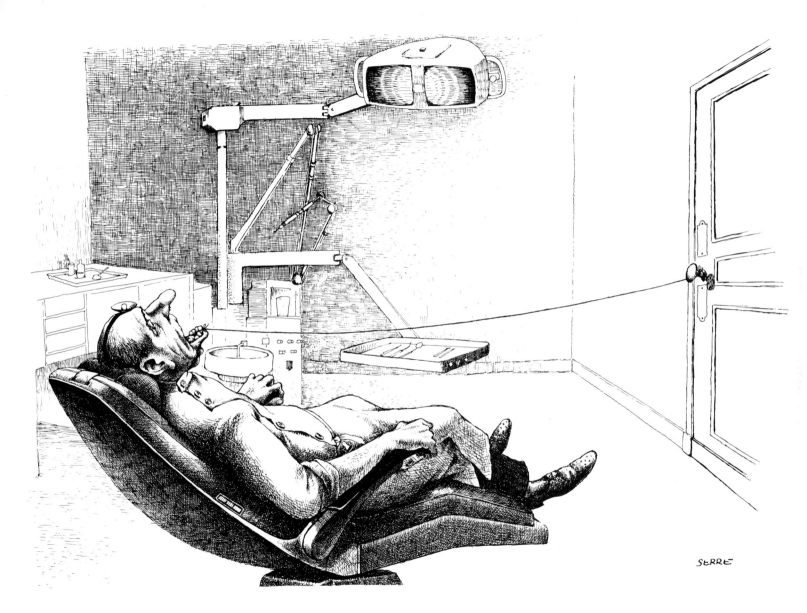

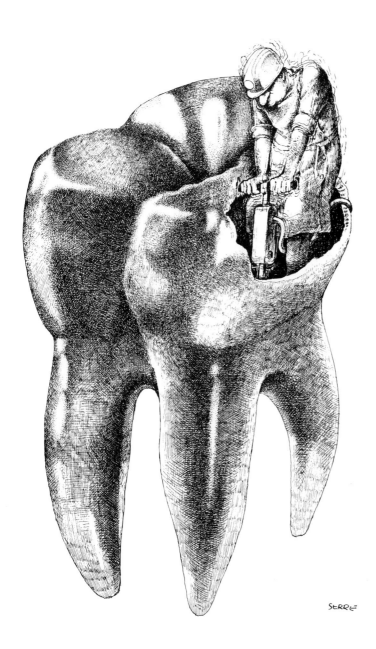

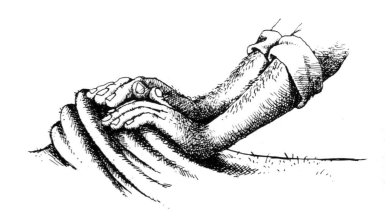

Massage und Heilgymnastik

Masseur
Heilgymnastik

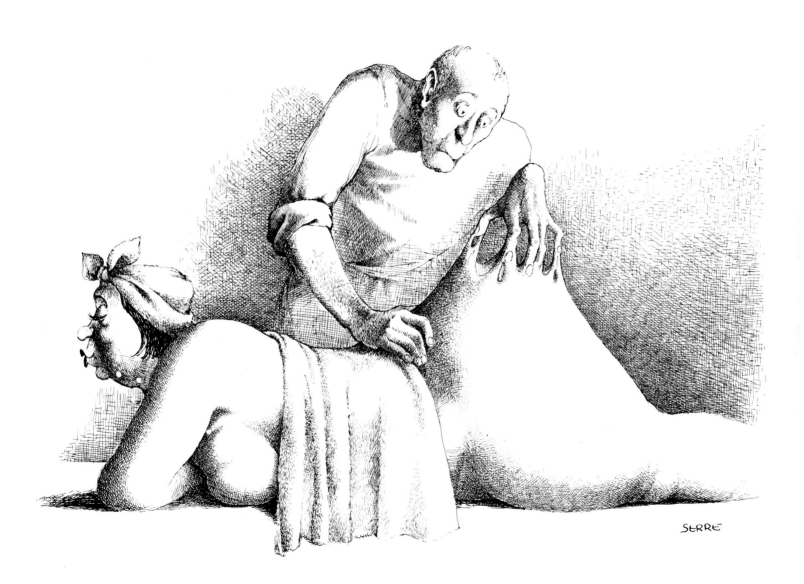

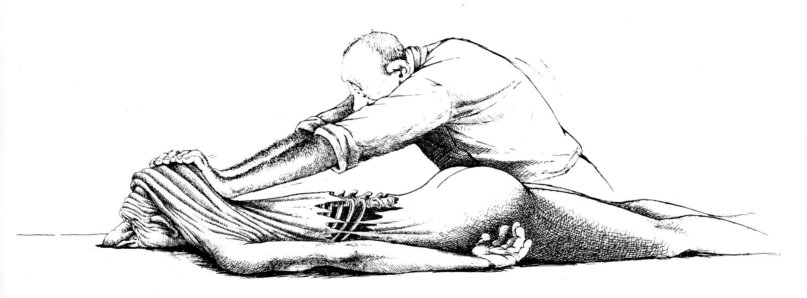

Allgemeinmedizin

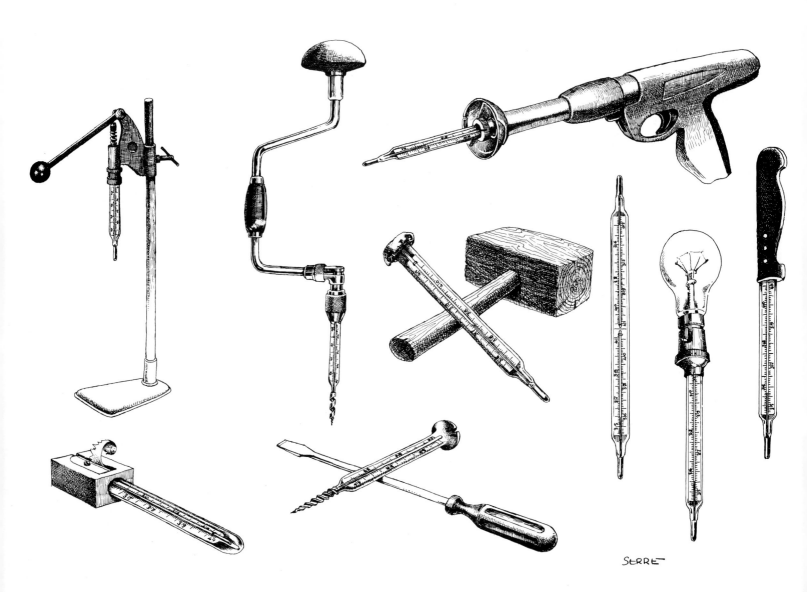

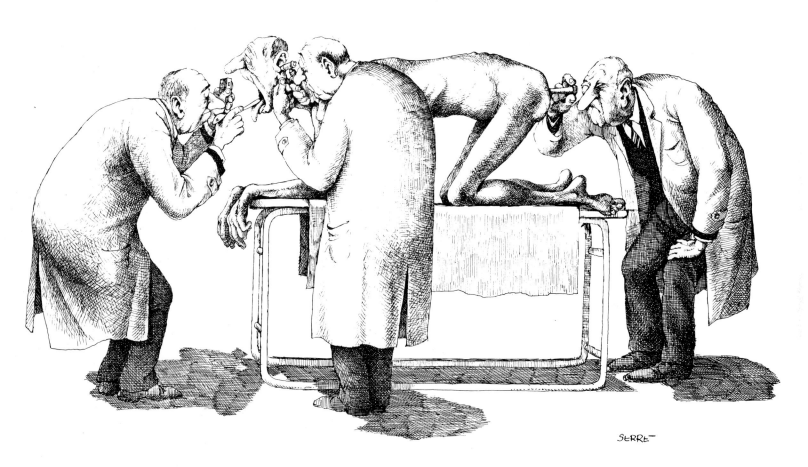

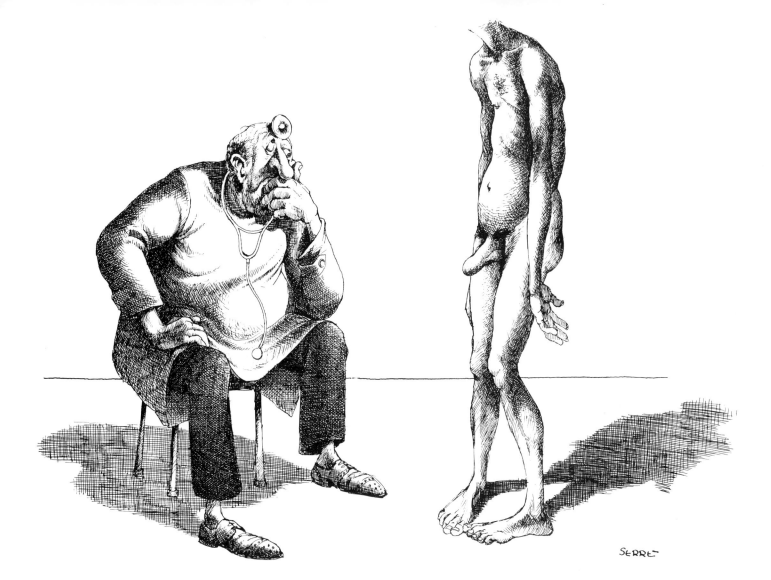

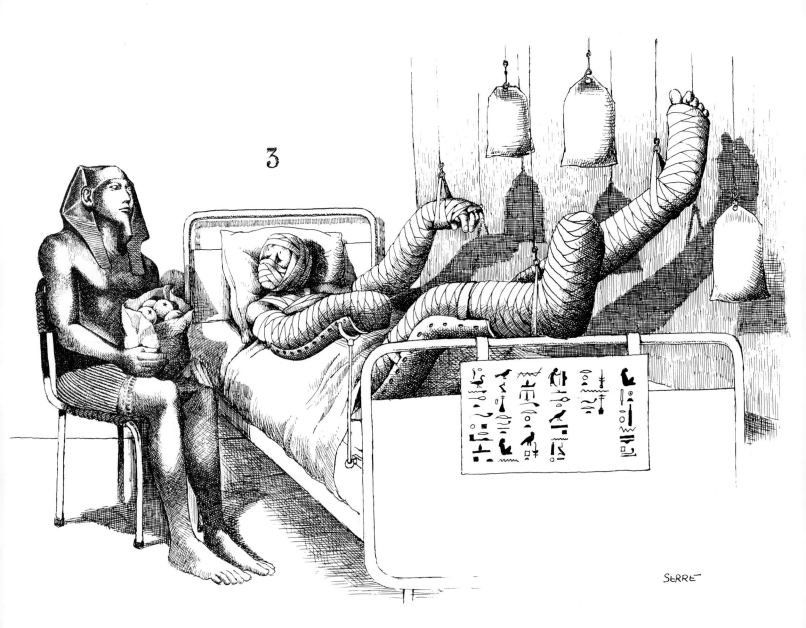

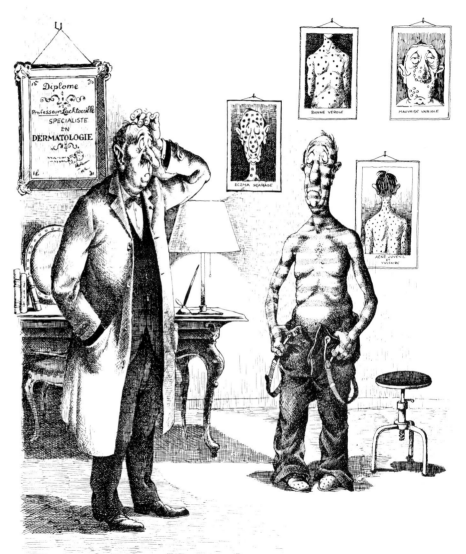

Bei Professor Pickel,
Facharzt für Hautkrankheiten

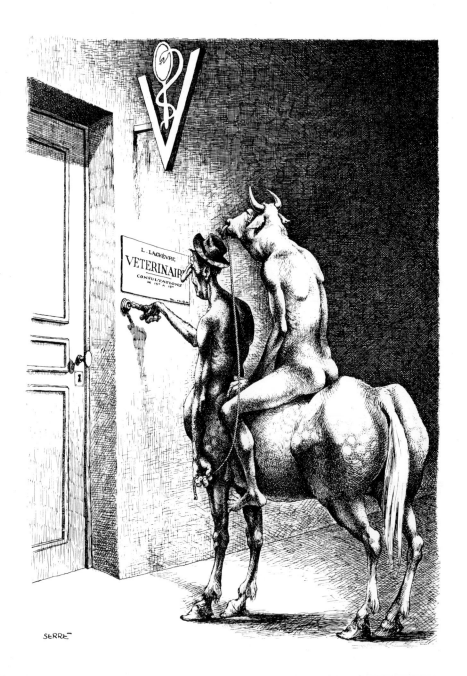

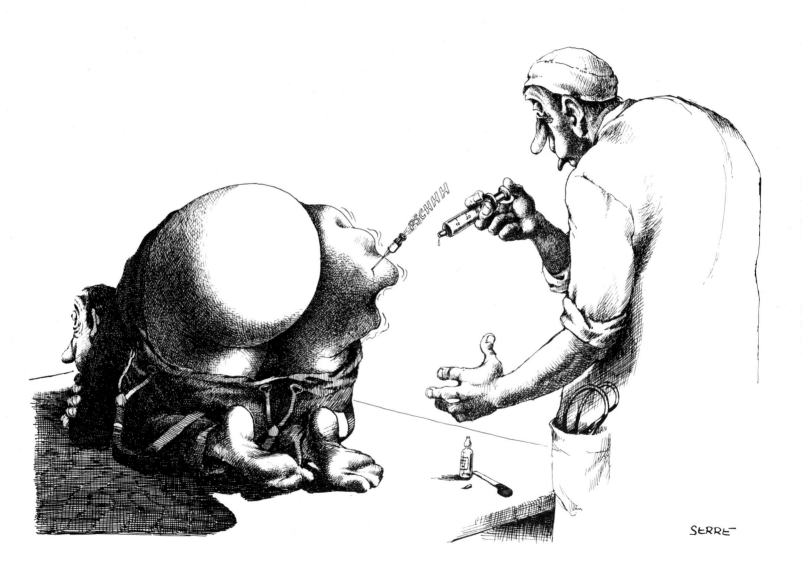

Die französische Originalausgabe erschien
unter dem Titel »Humour Noir et Hommes en Blanc«
bei Eiditions Jacques Glénat, Grenoble
© Editions Jacques Glénat 1977
Deutsche Ausgabe
© Verlag Gerhard Stalling AG,
Oldenburg und Hamburg
Printed in France
ISBN 3-7979-1673-6